Inhalt

Latente Steuern - Änderungen durch das BilMoG

Kernthesen

Beitrag

Fallbeispiele

Weiterführende Literatur

Impressum

Latente Steuern - Änderungen durch das BilMoG

A. Kaindl

Kernthesen

- Das Thema latente Steuern wird aufgrund der Reform des deutschen Bilanzrechts zukünftig deutlich mehr Aufmerksamkeit erfordern.
- Handels- und Steuerbilanz werden in größeren Ausmaßen auseinanderdriften.
- Die Bilanzierung von latenten Steuern wird viel häufiger notwendig sein als bisher.

Beitrag

Massive Änderungen des Handelsrechts durch das BilMoG

Mit dem Bilanzrechtsmodernisierungsgesetz (BilMoG), welches seit Mai 2009 in Kraft ist, hat der Bundestag eine der umfassendsten Änderungen der handelsrechtlichen Bilanzierungs- und Bewertungsvorschriften vorgenommen. Das Gesetz soll die deutschen Rechnungslegungsvorschriften behutsam an internationale Bilanzierungsregeln (IFRS = International Financial Reporting Standards) heranführen und das Handelsgesetzbuch (HGB) zukunftsorientierter machen. Zudem soll es den Bilanzierungsaufwand der Unternehmen verringern. (4)

Durch das BilMoG wurden eine Reihe von handelsrechtlichen Ansatz- und Bewertungswahlrechten gestrichen, die die Bildung stiller Reserven ermöglichten. Eine durch vorsichtige kaufmännische Einschätzung geprägte Bilanzierung ist international nicht üblich. Vielmehr wird angestrebt, ein den tatsächlichen Verhältnissen entsprechendes Bild des Vermögens sowie der Finanz- und Ertragslage zu zeigen. Gestrichen wurde auch das Prinzip der "umgekehrten Maßgeblichkeit", nach dem rein steuerliche Wertansätze von Vermögensgegenständen und Schulden Eingang in die Handelsbilanz fanden. (4)

Konzeptionelle Änderung bei der Bilanzierung latenter Steuern

Mit der Modernisierung des HGB hat zur Abbildung von latenten Steuern das aus den internationalen Rechnungslegungsvorschriften bekannte bilanzorientierte Konzept Einzug in das deutsche Bilanzrecht gehalten. Da jedoch der Gesetzgeber das HGB den IFRS lediglich maßvoll annähern wollte, verbleiben nach der Reform Unterschiede zwischen den Regelungen des HGB und den internationalen Rechnungslegungsvorschriften. (2)

Das Thema latente Steuern wird im reformierten deutschen Bilanzrecht deutlich mehr Aufmerksamkeit erfordern. Da die Handelsbilanz zukünftig wesentlich stärker als bisher von der Steuerbilanz abweichen wird, müssen Unternehmen zwei unterschiedliche Bilanzen erstellen. Vor allem kleine Unternehmen profitierten bisher von der so genannten Einheitsbilanz. Diese orientierte sich stark an den Steuervorschriften, sagte dafür aber wenig über die wirtschaftliche Lage des Unternehmens aus. (1)

Mit dem BilMoG ändert der Gesetzgeber die

konzeptionelle Grundlage der Bilanzierung latenter Steuern: Das alte Handelsrecht ging vom Timing-Konzept aus. Zur Abgrenzung latenter Steuern verlangte dieses einen Vergleich der Jahresergebnisse nach Handels- und Steuerrecht. Vorübergehende Ergebnisunterschiede (timing differences) aus einer abweichenden Periodisierung von Aufwendungen und Erträgen bei der Ermittlung des handelsrechtlichen Jahresüberschusses im Verhältnis zur steuerlichen Gewinnermittlung führten zur Bildung latenter Steuern.

Der Gesetzgeber hat bei der Neufassung des HGB das auf die Gewinn und Verlustrechnung fokussierte Abgrenzungskonzept (Timing-Konzept) aufgegeben. Zukünftig kommt das international gebräuchliche bilanzorientierte Konzept (Temporary-Konzept) zur Anwendung. Gegenstand der Steuerabgrenzung sind danach Differenzen, die aus unterschiedlichen Wertansätzen in der Handels- und der Steuerbilanz resultieren und sich künftig steuerbe- oder -entlastend umkehren.

Das Temporary-Konzept bringt zwei wesentliche Unterschiede zum bisherigen Timing-Konzept. Da zum einen jede Abweichung zwischen dem handelsrechtlichen Buchwert und dem Steuerwert erfasst wird, erstreckt sich das Temporary-Konzept nicht nur auf erfolgswirksame, sondern auch auf erfolgsneutrale Periodisierungsdifferenzen. Zum anderen sind in die Ermittlung der latenten Steuern entsprechend der international üblichen Praxis auch die permanenten Differenzen einzubeziehen. Diese waren bisher nicht Gegenstand der Steuerabgrenzung. (2)

Ansatz und Auflösung latenter Steuern

Aktive latente Steuern bringen erwartete Steuerentlastungen zum Ausdruck. Wirtschaftlich gesehen stellen aktive latente Steuern Ansprüche gegen den Fiskus auf Minderung der künftigen Steuerlast oder Rückerstattung gezahlter Steuern dar.

Passive latente Steuern verkörpern demgegenüber erwartete künftige Steuerbelastungen. Sie haben den Charakter einer bedingten künftigen Steuerschuld gegenüber dem Fiskus. (2)

Die Ermittlung der Steuerlatenzen war schon vor der Verabschiedung des BilMoG sehr kompliziert. Deshalb haben viele Unternehmen es vermieden, latente Steuern zu bilanzieren. Bislang war das möglich, weil in der Praxis fast nur aktive latente Steuern anfielen, und für die bestand ein Ansatzwahlrecht. Künftig werden die Unternehmen um diese Bilanzposition aber nicht mehr herumkommen. Da Steuer- und Handelsbilanz nach dem BilMoG immer stärker voneinander abweichen, werden latente Steuern künftig häufiger vorkommen. Auch passive Steuern wird es verstärkt geben, die im Gegensatz zu den aktiven latenten Steuern bilanziert werden müssen. (1)

Erstmals gelten die Neuregelungen zur Abbildung von latenten Steuern für das Jahr 2010. Zum 1. Januar 2010 müssen alle bestehenden Differenzen zwischen den Wertansätzen in der Handels- und Steuerbilanz ermittelt werden. Auf die so bestimmten Differenzen sind latente Steuern in Höhe des zum 1. Januar 2010 relevanten Steuersatzes abzugrenzen. (3)

Der Entwurf des BilMoG sah für aktive und passive latente Steuern eine generelle Ansatzpflicht vor. Das hätte die Bedeutung latenter Steuern in der deutschen Rechnungslegung deutlich aufgewertet. Abweichend zu den internationalen Regelungen hat der Gesetzgeber in der endgültigen Fassung des BilMoG nur ein Wahlrecht zur Aktivierung latenter Steuern für erwartete Steuerentlastungen verankert. Dies stellt einen deutlichen Rückschritt in den Bemühungen um eine aussagekräftigere Rechnungslegung dar. Die Entscheidung ist umso weniger zu verstehen, als die Bundesregierung die Beseitigung von Ansatz-, Ausweis- und

Bewertungswahlrechten als ein zentrales Anliegen des BilMoG ausgegeben hat. Das Aktivierungswahlrecht für latente Steuern mag die Rechnungslegung für viele Unternehmen einfacher und damit auch kostengünstiger gestalten. Die Informationsqualität des handelsrechtlichen Jahresabschlusses wird dadurch aber nicht verbessert.

Latente Steuern sind aufzulösen, sobald die Steuerbe- oder -entlastung eintritt oder mit ihr nicht mehr zu rechnen ist. (2)

Besondere Anforderungen an die Bewertung aktiver latenter Steuern

Die Bewertung der zu bildenden latenten Steuern erfolgt mit dem unternehmensindividuellen Steuersatz im Zeitpunkt der Umkehrung der Differenz. Das heißt also mit dem künftigen Steuersatz, der wahrscheinlich im Zeitpunkt des Abbaus der zeitlichen Differenzen gültig sein wird. Sind die individuellen Steuersätze im Zeitpunkt des Abbaus nicht bekannt, kommen die am Abschlussstichtag gültigen individuellen Steuersätze zur Anwendung. (3)

Die Realisierbarkeit der als aktive latente Steuern bilanzierten künftigen Steuerentlastungen ist unter Wahrscheinlichkeitsüberlegungen zu beurteilen. Der ausgewiesene Steuervorteil ist mit einer mehr oder weniger großen Unsicherheit behaftet. Deshalb muss bei der Einschätzung der Werthaltigkeit der latenten Steueransprüche das Vorsichtsprinzip berücksichtigt werden. Der Ansatz von aktiven latenten Steuern ist sorgfältig zu prüfen. Fraglich ist, ob der nach IFRS anzuwendende Beurteilungsmaßstab - die Eintrittswahrscheinlichkeit beträgt mehr als 50 Prozent - für die Nutzbarkeit von aktiven latenten Steuern auch nach HGB ausreichend ist oder ob aufgrund des Vorsichtsprinzips ein strengerer Maßstab heranzuziehen ist. Für eine höhere Wahrscheinlichkeitsschwelle sprechen die ausdrückliche Erwähnung des Vorsichtsprinzips in der Gesetzesbegründung sowie die im Gesetz verankerte starre Begrenzung des Prognosehorizonts zur Beurteilung der Nutzbarkeit steuerlicher Verlustvorträge. In beiden Punkten hat sich der Gesetzgeber von den internationalen Regelungen distanziert. (2)

Ausweis der latenten Steuern im Jahresabschluss bzw. im Anhang

Aktive latente Steuern und passive latente Steuern

sind in der Bilanz als eigene Bilanzposten zu zeigen. Das Bilanzgliederungsschema wird hierfür auf der Aktivseite um einen Punkt "D." und auf der Passivseite um einen Punkt "E." ergänzt. Bisher bestehende Unklarheiten im Ausweis aktiver latenter Steuern werden damit beseitigt. Latente Steuern können in der Bilanz saldiert oder unsaldiert ausgewiesen werden, wobei der Nettoausweis als Regelfall angesehen wird. Die angestrebte bessere Information der Abschlussadressaten soll der Anhang gewährleisten. In der Gewinn- und Verlustrechnung sind die latenten Steuern gesondert unter den "Steuern vom Einkommen und vom Ertrag" auszuweisen.

Der Gesetzgeber hat in die Sonstigen Pflichtangaben des § 285 HGB die Nr. 29 neu aufgenommen. Diese fordert die Angabe, auf welchen Differenzen oder steuerlichen Verlustvorträgen die abgegrenzten latenten Steuern beruhen und mit welchen Steuersätzen die Bewertung erfolgt ist. Es stellt sich allerdings die Frage, in welchem Umfang die Angabe zu den Differenzen erfolgen muss. Neben einer angemessenen Berichterstattung zu den der Steuerabgrenzung zugrunde gelegten Prämissen und Bewertungsannahmen empfiehlt sich die Darstellung einer Überleitungsrechnung des ausgewiesenen Steueraufwands/-ertrags auf den erwarteten Steueraufwand/-ertrag. [(2)], [(3)]

Berücksichtigung einer Ausschüttungssperre beim Ansatz von aktiven latenten Steuern

Entscheidet sich der Bilanzierende für die Aktivierung latenter Steuern, so unterliegt der Betrag, um den die aktiven die passiven latenten Steuern übersteigen, einer Ausschüttungssperre. Die Sperre soll die Ausschüttung von Gewinnen in Höhe des für künftige Steuerentlastungen aktivierten Betrags an die Anteilseigner verhindern. Das trägt dem Gläubigerschutz und dem Vorsichtsprinzip Rechnung. (3)

Trends

Eines steht schon jetzt fest: Der Beratungsbedarf der Unternehmen wird während der Umstellungsphase vom alten auf das neue HGB deutlich zunehmen, wenn diese die neuen Rechnungslegungsvorschriften optimal ausnutzen wollen. (1)

Fallbeispiele

Einige Beispiele für Unterschiede zwischen Handels- und Steuerbilanz, die zur Bildung von latenten

Steuern führen: Dem Wahlrecht selbst erstellter immaterieller Vermögensgegenstände (§248 Abs. 2 HGB) in der Handelsbilanz zu aktivieren, steht das Aktivierungsverbot dieser Aufwendungen in der Steuerbilanz (§5 Abs. 2 EStG) gegenüber. Es kommt zu passiven latenten Steuern. Während in der Handelsbilanz in Zukunft eine Abzinsung der langfristigen Rückstellungen generell mit einem Marktzinssatz zu erfolgen hat, schreiben die steuerlichen Regelungen als Abzinsungssatz 5,5 Prozent bzw. bei Pensionsrückstellungen 6,0 Prozent vor. Es kommt regelmäßig zur Bilanzierung aktiver latenter Steuern. Abweichungen werden sich bei der Bewertung der sonstigen Rückstellungen auch künftig aus Preis- und Kostensteigerungen ergeben, die müssen handelsrechtlich berücksichtigt werden; dürfen nach den steuerlichen Vorschriften aber nicht erfasst werden. Es kommt regelmäßig zu aktiven latenten Steuern. (3)

Weiterführende Literatur

(1) Latentes Problem Die Bilanzreform dürfte den Buchhaltern ordentlich Arbeit bereiten. Vor allem die latenten Steuern gelten als schwieriges Terrain aus Financial Times Deutschland vom 18.12.2009, Seite 5SA05

(2) Das BilMoG und die latenten Steuern (Teil 1)

aus Kapitalmarktorientierte Rechnungslegung, Heft 12 vom 3.12.2009, Seite 716

(3) Latente Steuern nach BilMoG: Zehn zentrale Fragestellungen
aus Zeitschrift für Bilanzierung und Rechnungswesen, Heft 11/2009, S. 487

(4) Das Aus der Einheitsbilanz
aus Frankfurter Allgemeine Zeitung, 28.10.2009, Nr. 250, S. 21

Impressum

Latente Steuern - Änderungen durch das BilMoG

Bibliografische Information der deutschen Nationalbibliothek

Die Deutsche Nationalbibliothek verzeichnet diese Publikation in der deutschen Nationalbibliografie; detaillierte bibliografische Daten sind im Internet über http://dnb.d-nb.de abrufbar.

ISBN: 978-3-7379-1386-7

© 2015 GBI-Genios Deutsche Wirtschaftsdatenbank GmbH, Freischützstraße 96, 81927 München, www.genios.de

Alle Rechte vorbehalten. Dieses Werk ist einschließlich aller seiner Teile – z.B. Texte, Tabellen und Grafiken - urheberrechtlich geschützt. Jede Verwertung außerhalb der Grenzen des Urheberrechtsgesetzes bedarf der vorherigen Zustimmung des Verlags. Dies gilt insbesondere auch für auszugsweise Nachdrucke, fotomechanische Vervielfältigungen (Fotokopie/Mikroskopie), Übersetzungen, Auswertungen durch Datenbanken oder ähnliche Einrichtungen und die Einspeicherung und Verarbeitung in elektronischen Systemen.